PHONOLÉGIE

NOUVELLE

MÉTHODE DE LECTURE

SANS ÉPELLATION,

PAR A. BLANCHOT-DEVINEAU,

DIRECTEUR DE L'ÉCOLE MUTUELLE DE BLOIS,

EX-INSPECTEUR TEMPORAIRE DES ÉCOLES DE L'ARRONDISSEMENT DE SENLIS (OISE), MAÎTRE DU 1er ORDRE DE L'ÉCOLE NORMALE PRIMAIRE DE PARIS, ET AUTEUR PSEUDONYME DE

La Chorographie du Département de Loir-et-Cher.

— ∞ —

TROISIÈME ÉDITION.

— ∞ —

BLOIS,
CHEZ L'AUTEUR, PLACE LOUIS XII.
—
1846.

PHONOLÉGIE.

Méthode prompte et facile pour apprendre à lire sans épeler.

1re LEÇON.

1. — Sons simples et brefs.

a   e   é   è   i   o   u

papa robe café mère midi coco tu

Sons simples et longs.

â   ê   î   ô   û

pâte, tête, île, côté, flûte.

2e LEÇON.

2. — Articulations simples.

b   p   d   t   v   f   g   c

robe, étape, rade, date, rive, vif, zigzag, sac,

z   s   j   l   r   m   n   x

gaze vis je vil rare dame une fixe

5ᵉ LEÇON.

3. — Exercices.

a b c d e f g i j k l m n o p r s
t u v x z a v u t s r p o n m l j
i g f e d c b a

4ᵉ LEÇON.

4. — Lecture.

a	a-mi, pa-pa, ca-ve, cu-ve
e	me, te, se, je, le, ro-be
é	é-té, cu-ré, pa-vé, vé-ri·té
è	è-re, pè-re, co-lè-re
t	mi-di, de-mi, ma-ri
o	co-co, zé-ro, bo-bo
u	pu-re, mur
â	pâ-te, â-me, â-ne

ê   fê-te, mê-me, tê-te
î   î-le, dî-ner, dî-me
ô   cô-te, a- pô-tre
u   pu-re, mur

5e LEÇON.

b   bo-c al, bo-ré-al, bar-be
p   pa-ri, pa-pe, pi-pe
d   da-me, défi, di-re
t   ta, tu, tar-ti-ne
v   va, va-ni-té, sa-va-ne
f   fa-nal, fi-nal, vif
g   ga-ze, ga-re, zig-zag
c   cu-re, ca-nif, car, cor
z   zè-le, zé-lé, zé-ro
s   sol, vis, sur, sa-le
j   je, jo-li, dé-jà, ja-dis
r   ra-re, ra-re-té, ri-re

m   mal, mar·ne, for·me

6e LEÇON.

Sons simples de deux lettres.

eu   ou   an   in   on   un   oi
feu   fou   van   vin   son   lundi   loi

eu   **feu, jeu, leur, seul**
ou   **cou, fou, mou, pou**
an   **ban, pan, tan, van**
in   **fin, lin, vin, ma·tin**
on   **bon, don, ton, sa-von**
un   **lun·di, pé·tun**
oi   **loi, moi, roi, foi, soi**

7e LEÇON.

*Articulations simples de plusieurs lettres et
articulations équivalentes.*

ch   gn   ill — q   qu   k   ç
riche   vigne   taille   coq   quatre   kilo   maçon

ph   gu
phare langue

gn   si-gne, si-gnal, bor-gne
ill   ta-ille, rou-ille, pa-ille
q   coq, pi-qû-re, qui-bus
qu   qua-tre, qua-li-té
k   ka-o-lin, ki-lo-mè-tre
ç   ma-çon, gar-çon, re-çu
ph   pha-re, phé-no-mè-ne
gu   gui-ta-re, lan-gue

8ᵉ LEÇON.

Sons composés et équivalents.

a   œ   ai   er   ez   œ   ai
paille cœur j'ai pécher nez œdeme laine

es est ei ey et   y   au eau
les il est reine bey bouquet jury jaune beau

en   im   ym   yn aim ain ein
ente simple tympan syndic faim bain sein

om   un
bombe junte

Exercice.

eu, on, ou, œ, gn, œu, ill, an,
ai, in, q, ez, on, er, qu, un, es,
ai, ei, oi, k, ey, et, ç, y, ph, au,
eau, gn, am, ch, em, gu, en, im,
ill, im, om, q, eu, ym, ou, gn,
yn, aim, k, an, ein, ph, in.

9ᵉ LEÇON. — *Lecture.*

c-œ	œ-ill et, œ-ill a-d e
c-œu	c œu r, s œu r, b œu f,
é-ai	j' i-r ai, je ch an-te-r ai
é-er	b ou-ch er, p é-ch er
é-ez	n ez, v e-n ez, f ou-ill ez
é-œ	œ-dè-me, œ-no-m-ètr e
è-ai	l ai-n e, au-b ai-n e

è-es   les, des, tes, mes
è-est   il est, il est ve-n u
è-ei   rei-ne, pei-ne, vei-ne
è-ey   bey, dey
è-et   bou-quet, cha-pe-let
i-y   ju-r y, m y-stè-re
o-au   jau-ne, pau-vre
o-eau   b-eau, r i-d eau
an-am   am-be, bam-bin
an-em   em-p i-re, em-boî-té
an-en   en-clu-me, en-ter
in-im   sim-ple, im-pair
in-ym   lym-phe, tym-pan
in-yn   syn-dic, syn-co-pe
in-aim   faim, daim, é-taim
in-ain   pain, é-tain, bain
in-ein   sein, frein, é-rein-té

II.

in-en mien, sien, rien
on-om bom·be, tom·be
on-un jun·te, jun·ca·go

DIXIÈME LEÇON.

Alphabet des minuscules romaines.

a b c d e f g h (1) i j k l m n o p q r s t u v x y z

Alphabet des minuscules italiques.

a b c d e f g h (1) *i j k l m n o p q r s t u v x y z*

Alphabet des majuscules.

A B C D E F G H (1) I J K L M N O P Q R S T
U V X Y Z

ONZIÈME LEÇON.

Articulations doubles ne valant qu'une simple.

bb   a-*bb* é, r a-*bb* in,

cc   o-*cc* u-p é, a-*cc* a-p a-r eu r, a-*cc* o-l er

cqu   a-*cqu* é-r i r, a-*cqu* é-r eu r, a-*cqu* êt

ff   a-*ff* i r-m a-ti f, o-*ff* en-sé, o-*ff* r i r,

---

(1) Cette lettre se prononce *ache* et n'a aucune valeur dans la prononciation.

gg   a-*gg*ra-v er, a-*gg*r a-v an-te,
ll   a-*ll*u-m er, b a-*ll* e, m a-*ll* e, a*ll* er,
mm   c o-*mm*o-d e, co *mm* an-d er, f l a*m*-me
nn   i-*nn*om-b ra-b l e, in-co-*nn*u, ma*n*-ne,
pp   a-*pp*r en-d r e, a-*pp*r en-t i,
rr   a-*rr*i-v é, c o-*rr*om-p u, a-*rr*i è-r e,
ss   a-*ss* a-*ss* in, a-*ss* ez, a-*ss*a i-n i r,
tt   a-*tt*i-r é, a-*tt*r a-p é, b u-*tt* e, n a-*tt* e.

DOUZIÈME LEÇON.

Lettres ayant une valeur autre que celle qui leur
est propre.

y vaut **ii** dans	r oy-a l, l oy-a l, f oy-er, r oi-i a l, l oi-i a l, f oi-i er, p ay-er, m oy-en, p ai-i er, m oi-i en,
e	a	fe-*mm*e, s o-l e-*nn* i-t é,
e	è	m or-t el, t e-*rr* e, v er,
eu eut	u	il a eu, il eut,
oë	oi	m oë-*ll* e, m oë-*ll* on,
u	ou	q u a-t u o r, q u a-d r u- p è-d e,
c	g	s e-c on-d er, s e-c on-d e,
sc, c	s	sc è-n e, c e-c i, c e-l a,
g vaut j dans		s a-*g* e, s i u-*g* e, r é-*g* i r,

ch	c	cho-lé-ra, d r a ch-m e,
s	z	ro-se, ro-s eau, c e-r i-s e,
x	s	d i x, s i x, soi-x an-t e,
x	z	si-x i è-m e, d i-x i è-m e,
x	c	ex-c i-ta-t eu r, ex-c i-t é,
x	cs	m a x i-m e, f i-x e,
x	gs	e-x a m en, e-x a-m i-n é,
gn	g-n	g nos-ti-qu e, ag-n u s,
ti	si	m en-t i on, i-n i-t i é,
ueil	ueill	o r-g ueil, c e r-c ueil,
il	ill	s o-l eil, t r a-v a il,
l	ill	a-v r il, p é-r il, g r il,

TREIZIÈME LEÇON.

Articulations doubles ayant chacune sa valeur.

cc	s u c-c è s, v a c-c in, s u c-c é-d e r,
gg	s u g-g é-r e r, s u g-g e s-t i on,
dd	a d-d i-t i on, r e d-d i-t i on,
ll	p a-r a l-l a-x e, m a l-l é-a-b l e,
mm	a m-m o-n i-t e, a m-m i-t e,
nn	i n-n a-v i-g a-b le, a n-n è-x e,

QUATORZIÈME LEÇON.

Les lettres nulles.

| a | est nul dans | t a on, a o-r i s-t e, a oût, S a ó-n e |

e	a-sseo ir, s u r-s eoi r, J ea-nne
o	f aon, p aon, L aon,
m	au-t o-mn e, c on-d a-m-né,
g	d oig-t er, d oig-t i er,
p	d omp-t er, b ap-t ê-me,
h ne se prononce jamais	ha-b i-l e, rh u-b a r-b e.

La plupart des articulations finales sont nulles.

b	pl om*b*, a-pl om*b*,
c	b an*c*, t a-b a*c*, bl an*c*, f ran*c*, cr i*c*,
d	g ran*d*, n i*d*, f on*d*, r on*d*, n or*d*,
g	s an*g*, é-t an*g*, r an*g*, s ein*g*, ha-r en*g*,
l	f u-s i*l*, ou-t i*l*, ba-r i*l*, p e r-s i*l*,
p	d r a*p*, g a-l o*p*, t r o*p*, ch am*p*,
s	b ras, n ous, v ous, s ou-r is, g ris,
t	a-v o-c a*t*, g an*t*, d en*t*, v en*t*, ar-g en*t*,
x	p r i*x*, f l u*x*, heu-r eu*x*, o-d ieu*x*,
z	r iz, n ez, v e-n ez, a-*ll* ez,
nt	ils m a r-ch en*t*, p a r-l en*t*, é-c r i-v en*t*,
pt	p r om*pt*, il r om*pt*.

QUINZIÈME LEÇON.

e ne se prononce pas à la fin des mots, quand il est précédé d'un son, mais ce son devient long.

Pl aie, v r aie, r ue, p aie, v ie, s u i-v ie, v ue,

é-ga-rée , re-d ou-tée , ch é-r ie , p a-t r ie.

Lettres finales qu'on doit prononcer.

c   ch oc, troc, sac, soc, suc, bac,

l   le Sund, sud,

f   vif, ca-nif, veuf, ta-rif, bref,

s   vis, bis, fœ-tus, mœurs,

ch   punch, kirsch,

r   m ur, m er, en-f er, fi-n ir, ch-é-r ir,

t   dot, est, sud-est,

d   val, ca-po-ral, a-val, mi-né-ral,

g   zig-zag.

x   ph é-n ix, pré-fix,

z   gaz, Ro-d ez,

SEIZIÈME LEÇON.

De la prière.

La prière est u ne élé va ti on dé no tre à me à Dieu ; c'est u ne pen sée du cœur qui s'é lè ve vers le Cré a teur dé tou tes cho ses Les pe tits en fants aus si bien que les hom mes doi vent prier soir et ma tin, pour de man der à leur pè re com mun la grà ce né ces sai re pour vi vre en par faits chré tiens.

Nous a vons tous be soin de pri er ; c'est un
de voir es sen tiel. Il y a deux sor tes de pri
è re ; la pri è re men ta le qui se fait dans
l'es prit et dans le cœur, et la pri è re vo
ca le qui se fait à l'ai de de la pa ro le. Nous
de vons pri er non-seu le ment pour nous,
mais en co re pour nos pa rents, nos a mis,
nos su pé rieurs, et mê me pour nos en ne
mis, car nous som mes tous frè res.

La plus ex cel len te de tou tes les pri è res
est l'O rai son do mi ni ca le que vous de vez
sa voir, car vo tre ma man a dû vous l'ap
pren dre dès que vous a vez com men cé à bal
bu tier.

DIX-SEPTIÈME LEÇON.
Du bien et du mal.

On en tend par le bien ce que Dieu et la
re li gion nous pres cri vent ; le mal, ce que
Dieu et la re li gi on nous dé fen dent. On
fait le mal en vio lant la loi de Dieu en s'a
ban don nant au vi ce, en ne fai sant pas son
de voir. Le de voir con sis te à a do rer Dieu,
ché rir sa fa mi lle, ai mer son pro chain,

c'est-à-dire tout le monde, et se res pec ter soi mè me.

Un en fant fait le bien lors qu'il aime sin cè re ment son pa pa, sa ma man ses frè res et ses sœurs, tous ses pa rens, ses a mis, ses voi sins, son pro chain. Un en fant fait le mal lors qu'il ne res pec te pas ses pa rents, qu'il ne leur obéit pas, ou qu'il le fait en mur mu rant. Il fait en co re le mal s'il ne prie pas le bon Dieu tous les soirs et tous les ma tins, s'il n'as sis te pas aux of fi ces les di man ches et les fê tes. Il fait en co re le mal s'il man que l'é co le vo lon tai re ment, s'il ne s'ap pli que pas à bien faire tout ce que son maî tre lui com man de.

DIX-HUITIÈME LEÇON.
Du respect qu'on doit à ses supérieurs.

Le res pect est un sen ti ment de vé né ra tion de dé fé ren ce que nous éprou vons pour les per son nes qui sont au des sus de nous par l'â ge, la nais san ce, la rai son, l'ex pé rien ce, le mé ri te, l'au to ri té et la pla ce qu'elles oc cu pent. A près no tre pè re, no tre mère et nos autres parents, nous devons respecter tous les membres de l'autorité civile et religieuse. Les autorités civiles sont : le Roi, les Ministres, les Préfets, les Maires, les Magistrats, les Juges, enfin toute personne revétue d'une autorité quelconque. Les autorités religieuses sont : le Pape, les Évêques, et autres ecclésiastiques.

Il y a aussi des choses pour lesquelles nous devons avoir du respect : les temples de Dieu, les objets consacrés au culte divin, le drapeau de la nation, les insignes par lesquels on reconnaît l'autorité, tels que l'habit ecclésiastique, l'uniforme militaire, la robe du magistrat, du professeur, l'écharpe du maire, etc.

DIX-NEUVIÈME LEÇON.
De la politesse.

La politesse consiste dans l'attention constante que l'on met à ne faire et à ne dire que des choses agréables aux personnes avec qui l'on se trouve. Pour être poli, il faut se découvrir à l'approche des personnes que l'on doit respecter, les saluer, leur dire les paroles respectueuses en usage. Le but de la politesse est de rendre les relations sociales douces, agréables, affectueuses. Cette qualité est extrêmement facile à acquérir. Soyez disposés à plaire à vos semblables et à les obliger ; agissez avec eux comme vous voudriez qu'ils agissent avec vous ; ne leur dites jamais de ces paroles grossières, inconvenantes, qui ne devraient jamais sortir de la bouche de personne ; offrez avec grâce et n'acceptez jamais sans remercier ; demandez avec douceur et ne répondez jamais oui ou non tout court ; ajoutez à ces monosyllabes papa, maman, monsieur, madame, selon la qualité de la personne qui vous parle. En agissant ainsi vous serez polis, autrement vous seriez grossier, et la grossièreté est la marque d'une mauvaise éducation.

VINGTIÈME LEÇON.
Du travail.

Nous sommes nés pour travailler. L'homme qui ne travaille pas est coupable envers la société et envers Dieu qui l'a créé tout exprès pour le travail : c'est pour cela qu'il a des mains si admirablement organisées. Que diriez-vous d'une belle machine, construite à grands frais, qui ne fonctionnerait pas? Qu'elle serait inutile, parce qu'elle n'attendrait pas le but qu'on s'était proposé en la construisant. Que diriez-vous d'un pommier, d'un poirier, ou de tout autre arbre qui ne rapporterait pas de fruits? Qu'il n'est bon qu'à arracher et à jeter au feu, et vous auriez raison de dire cela, mes enfants. Eh bien! un homme ou un enfant qui ne travaillerait pas ne serait pas digne de vivre et mériterait d'être retranché de la société. Travaillez-donc avec courage, avec zèle, avec plaisir. Votre travail, à vous, est d'apprendre à lire, à écrire, à calculer, afin, que, plus tard, quand vous serez homme, vous puissiez vous rendre utile à votre famille, à vos semblables, à votre patrie.

VINGT-ET-UNIÈME LEÇON.

De l'économie.

Mes enfants, lorsque vous serez grands il

ne vous suffira pas de travailler. De l'argent que vous gagnerez par votre travail, il en faudra faire deux parts : l'une pour vous nourrir et vous habiller, ainsi que votre famille, et l'autre pour mettre à la caisse d'épargne : c'est ce que l'on appelle faire des économies. Vous êtes jeunes, mes enfants, mais vous deviendrez comme vos grand'-papas et vos grand'-mamans, c'est-à-dire vieux, infirmes, incapables de travailler : c'est alors que vous aurez recours aux économies que vous aurez faites et que la caisse d'épargne aura fait fructifier. Si le malheur voulait que vous n'eussiez pas d'enfants, lorsque vous serez vieux, et si vous n'aviez rien épargné, que deviendriez-vous, alors ? vous seriez dans la misère, et si quelques âmes charitables n'avaient pas pitié de vous, vous seriez obligés d'aller à l'hôpital ou de mourir de faim. Evitez donc cette triste destinée, en travaillant assidûment, en vous contentant le peu pour vivre, et quelque peu que vous gagniez en en destinant une part à la bourse des économies.

VINGT-DEUXIÈME LEÇON.
De la caisse d'épargne.

La caisse d'épargne, mes enfants, est une intitution, établie par le gouvernement, qui consiste à recevoir des citoyens les économies qu'ils ont pu faire ; elle garde ces fonds non seulement avec fidélité, mais encore elle rend plus qu'on ne lui a donné. Elle vous donnera en plus, chaque année, autant de fois quatre francs que vous lui aurez donné de fois cent francs. Vous voyez qu'au lieu de laisser votre argent chez vous, vous avez un intérêt immense à le confier à l'Etat. Economisez donc dès aujourd'hui ; ramassez donc sou à sou, centime à centime, et quand vous aurez cent centimes ou un franc, vous pourrez porter cette somme à la caisse. Voici un moyen facile d'économiser : dites à votre papa qu'il vous fasse une petite boîte bien fermée, si bien fermée que vous ne puissiez l'ouvrir ; qu'il n'y ait qu'un petit trou tout juste assez grand pour laisser passer une pièce de monnaie, et chaque fois que votre maman vous donnera un sou, deux sous, plus ou moins, mettez-les dans votre boîte ; lorsqu'elle sera pleine vous la ferez ouvrir et vous en porterez le contenu à la caisse d'épargne.

VINGT-TROISIÈME LEÇON.

De la charité.

Si vous êtes riche, donnez aux pauvres ; si vous ne l'êtes pas, et si par vos économies vous parvenez à acquérir une petite fortune, destinez-en une partie au soulagement des malheureux. Dieu a dit : « Aimez-vous les uns les autres : » voilà un beau et excellent précepte, mais il faut le mettre en pratique en faisant autant de bien qu'on le peut. Si vous avez beaucoup, donnez beaucoup, si vous avez peu, donnez peu ; l'aumône est une œuvre très-agréable à Dieu : la charité est la meilleure des vertus théologales et sociales : pratiquez-là donc quand vous le pourrez, et vous le pouvez dès à présent. Quand vos parents sont contents de vous ils vous donnent quelques sous, eh bien ! au lieu d'acheter des bonbons ou d'autres friandises, donnez-en le prix à quelques pauvres mères de familles qui n'ont, quelquefois, pas de pain à donner à leurs petits enfants.

VINGT-QUATRIÈME LEÇON.

Premières connaissances.

On appelle *heure* la vingt-quatrième partie d'un jour et d'une nuit. Les heures sont marquées par une machine nommée horloge. Vingt-quatre heures font donc un jour et une nuit. Sept jours et sept nuits font une semaine. Les noms des jours sont : *lundi, mardi, mercredi, jeudi, vendredi, samedi, dimanche.* Les six premiers sont consacrés au travail, et le dernier est consacré au repos et à la prière. Quatre semaines et deux ou trois jours font un mois. Nous avons douze mois dans une année. Voici le nom des mois : *janvier, février, mars, avril, mai, juin, juillet, août, septembre, octobre, novembre, décembre.* Sept de ces mois ont trente-un jours; quatre en ont trente, un seul, vingt-huit ou vingt-neuf selon que l'année est ou n'est pas bissextile. L'année a trois cent soixante-cinq jours ; tous les quatre ans nous avons une année bissextile ou de trois cent soixante-six jours. L'année se divise en quatre saisons, qui sont : le *printemps, l'été, l'automne* et l'*hiver.*

Maintenant, mes enfants, que vous savez lire les mots et les phrases, avant de vous donner un autre livre, je vais vous faire connaître tout ce qu'il faut observer pour bien lire. Ces connaissances consistent dans les accents, la liaison des mots, les abréviations et les différentes pauses qu'il faut faire en lisant.

VINGT-CINQUIÈME LEÇON.
Des accents.

Il y a trois accents qui changent la prononciation des voyelles sur lesquelles on les place : l'accent aigu (´) qu'on met sur les *e* fermés : vérité, témérité, régénéré, etc. L'accent grave (`) qu'on met sur les e ouverts : procès, père, mère, frère, succès, etc. L'accent circonflexe (ˆ) qu'on met sur une grande partie des sons longs : Pâques, côte, apôtres, tempête, honnête, etc. Il y a aussi un petit signe qu'on appelle apostrophe (') et qui se met à la place d'une lettre qu'on retranche pour éviter le choc de deux sons qui seraient

désagréables à entendre : on dira l'amitié,
l'honneur, l'âne, l'orme, l'herbe, l'étang,
l'urne ; *au lieu de* la amitié, le honneur, le
âne, le orme, la herbe, le étang, la urne.

VINGT-SIXIÈME LEÇON.

Liaison des mots.

Il serait trop difficile et trop long de pré-
ciser tous les cas où l'on doit lier les mots
entre eux. La règle la plus générale est celle-
ci : il faut faire sonner l'articulation qui ter-
mine un mot sur le mot suivant lorsque
celui-ci commence par un son ou un *h* muet
et lorsqu'on ne doit pas faire de pause entre
les deux mots. Le bon sens, d'ailleurs doit
guider les lecteurs à cet égard. Il faut remar-
quer que le *d* final a la valeur du *t* ; le *f* celle
du *v* ; le *g* celle du *c* ; le *s* et le *x* celle du *z*.

VINGT-SEPTIÈME LEÇON.

Abréviations.

Il arrive souvent que dans le discours écrit
on représente des mots entiers par une ou
deux lettres ; tels sont les suivants :

M.	Monsieur.
MM.	Messieurs.
Mme	Madame.
Mlle	Mademoiselle.
M^e	Maître.
M^d	Marchand.
Le S^r	Le Sieur.
S^t	Saint.
S^{te}	Sainte.
V^e	Veuve.
Mgr	Monseigneur.
S. M.	Sa Majesté.
V. M.	Votre Majesté.
LL. MM.	Leurs Majestés.
S. A. R.	Son Altesse Royale.
V. A. R.	Votre Altesse Royale.
LL. AA. RR.	Leurs Altesses Royales.
S. A. I.	Son Altesse Impériale.
V. A. I.	Votre Altesse Impériale.
S. A. S.	Son Altesse Sérénissime.
S. S.	Sa Sainteté.
S. G.	Sa Grandeur.
S. Ex.	Son Excellence.
Dép^t	Département.

N. B.	Nota bene (notez bien).
P. S.	Post Scriptum (écrit après).
Ex.	Exemple.
N.º	Numéro.
Etc.	Etcœtera (et les autres).

VINGT-HUITIÈME LEÇON.

Exercices sur les abréviations.

A M. le Président du tribunal civil de Tours, A MM. les Députés des départements. J'ai écrit hier à M.ᵉ, à Mᵐᵉ et à Mˡˡᵉ de Renneville. La défense de cet accusé était confiée à M.ᵉ Philippe Dupin. A M. Durieu, M.ᵈ de draps, rue Saint-Honoré, à Paris. S. M. le Roi des Français a accordé des secours au S.ʳ Dubois et à la V.ᵉ Delahaye. LL. MM. le Roi et la Reine ont reçu dans la soirée S. A. R. le duc de Wurtemberg. S. A. I. le grand Duc Alexandre, S. A. S. le Duc de Chartres, le Nonce de S. S. le Pape, plusieurs Pairs et Députés, etc. ont eu l'honneur de dîner avec le roi. S. Ex. M.ᵍʳ le ministre de l'instruction publique a été reçu par LL. AA. RR. M.ᵍʳ le Duc et M.ᵐᵉ la Duchesse de Nemours.

VINGT-NEUVIÈME LECON.
De la ponctuation. (1)

La ponctuation sert à distinguer les parties d'une même phrase et les phrases entr'elles, elle sert aussi à indiquer, par des signes, les différentes pauses que l'on doit faire en lisant.

La virgule (,) indique le plus léger repos. Le point-virgule (;) marque une pause un peu plus longue que la virgule. Les deux points (:) marquent un repos un peu plus long que le point virgule. Enfin le point (.) indique la plus longue de toutes les pauses. Le point interrogatif (?) se met après une interrogation. Le point exclamatif (!) se met après une phrase ou un mot exclamatif. Les points suspensifs (.......) suspendent une phrase commencée.

Les autres signes dont on se sert sont l'apostrophe (') qui remplace une lettre retranchée. Le trema (¨) qui se met sur les voyelles lorsqu'elles doivent être prononcées sépa-

---

(1) Les élèves devront nommer tous les signes de ponctuation qu'ils rencontreront dans cette leçon.

rément. Le trait d'union (-) qui unit deux mots. Le tiret (—) qui sépare des phrases prononcées alternativement par plusieurs personnes. Les paranthèses ( ) qui séparent des mots insérés dans une phrase où ils forment un sens à part. Les guillemets (» ») qui servent à marquer des phrases, des discours cités. L'astérisque (*) qui indique un renvoi. Le paragraphe (§) qui marque les différentes sections d'un chapitre, d'un discours.

TRENTIÈME LEÇON.

Exercices sur les différents signes de la ponctuation.

En m'éveillant, je reconnus son embarras, il soupirait comme un homme qui ne sait pas dissimuler, et qui agit contre son cœur. Me veux-tu donc surprendre ? lui dis-je : qu'y a-t-il donc ? — Il faut que vous me suiviez au siège de Troie. — Ah ! qu'as-tu dit, mon fils ? Rends-moi cet arc ! je suis trahi ! je suis donc haï ! ne m'arrache pas la vie. Hélas ! il ne répond rien ; il me regarde tranquillement, rien ne le touche. O rivages, ô promontoires de cette île ! ô bêtes farouches ! ô rochers escarpés ! c'est à vous que je me plains ; car je n'ai que vous à qui je puisse me plaindre ; vous êtes accoutumés à mes gémissements. Faut-il que je sois trahi par le fils d'Achille ! il m'enlève l'arc sacré d'Hercule, il veut me traîner dans le camp des Grecs, pour triompher de moi. Oh ! s'il m'eût attaqué dans ma force !.... mais encore à présent ce n'est que par surprise. Que ferai-je ? Rends-moi mon arc, mon fils, sois semblable à ton père, semblable à toi-même. Que dis-tu ? Tu ne dis rien ! O rocher sauvage ! je reviens à toi, nu, misérable, abandonné, sans nourriture ; je mourrai seul dans cet antre ; n'ayant plus mon arc pour tuer les bêtes, les bêtes me dévoreront ; n'importe. Mais, mon fils, tu ne parais pas méchant, quelque conseil te pousse ; rends-moi mes armes, va t'en. TÉLÉMAQUE.

Blois. — Imprimerie de Ch. Groubental.